Gabriele Andler

WORT WERK

DAS JOURNALING-BUCH
FÜR MEHR
KLARHEIT, GELASSENHEIT UND
LEBENSFREUDE

Web: www.gabrieleandler.com
Blog: www.attentionrocks.de

Verlag: attention.rocks
2. Auflage

Lektorat: Anne Nordmann
Korrektorat: Kim Heinz

Umschlaggestaltung: Sofia Elisabeth Ratzinger
Layout und Satz: Stefan Meiser
eBook Production: Stefan Meiser

ISBN 978-3-9819403-5-0

Für Joshua und Stefan

Dieses Buch gehört:

____

Inhalt

Jedem Gedanken wohnt eine entsprechende Wirkung inne.

— Rumi

Journaling – die etwas andere Art zu schreiben

Wer sind wir eigentlich und wie gut kennen wir uns selbst? Wissen wir um unsere heimlichen Wünsche, unsere Träume, Ängste und Befürchtungen? Was treibt uns innerlich an, was hält uns zurück? Was lässt uns aufstehen, wenn wir gefallen sind, was hindert uns daran, unsere Ziele zu verfolgen und für unsere Wahrheit einzustehen?

Journaling ist eine Schreibmethode, die dazu dient, dass wir uns selbst im Strudel der Gedanken und Gefühle nicht verlieren, die jeden Augenblick durch unseren Kopf und unser Herz rauschen. Mit dieser Methode fällt es leicht, in sich zu horchen, sich selbst zu beobachten, sich kennenzulernen und seinen Horizont zu erweitern.

Ein Satzanfang stellt die Weichen

Unser Geist hat die Eigenschaft, den Beginn eines Satzes, wie immer er lauten mag, zu Ende bringen zu wollen. Man setze uns einen beliebigen Satzanfang vor, wie zum Beispiel:

„Ich genieße es, wenn…"

und wir werden ihn automatisch fortführen. Das Interessante daran ist, dass wir dafür unbewusst unser ganzes Wesen einsetzen, wenn wir uns nicht dabei stören. Mit einem Satzanfang bringen wir einen Schreibprozess in Gang, der unser eigenes tieferes Wissen und Können offenbart. Etwas, von dem wir unter Umständen nicht einmal wussten, dass wir es haben.

Gedanken fließen ungefiltert

Der Schreibprozess beim Journaling unterscheidet sich von der Art zu schreiben, die wir gewohnt sind. Normalerweise denken wir zuerst über das nach, was wir schreiben wollen, und setzen danach den Stift aufs Papier. Beim Journaling ist das anders. Wir haben einen Satzanfang vor uns und beginnen unmittelbar mit dem Schreiben. Für eine festgelegte Zeit bringen wir ohne Innezuhalten alles zu Papier, was uns zu diesem Satz, oder unabhängig davon, gerade in den Sinn kommt. Das Erleben und Darüberschreiben passiert also im gleichen Augenblick, wodurch wir kaum Zeit zum Nachdenken haben. Das hat den Vorteil, dass wir nicht bewerten, was wir schreiben. Nachdenken ist, wie das Wort „nach" schon sagt, ein Rückblick und meist mit einer wertenden Analyse von Gefühlen oder Gedanken verbunden. Dieses Bewerten hindert uns daran, stehenzulassen, was gerade ist und es wertfrei zu betrachten. Wenn wir die Methode des Journalings anwenden, ist die Bandbreite dessen, was wir aufschreiben, sehr viel größer.

Solange die Zeit läuft – es können 2 bis 5 Minuten als Richtlinie genommen werden – oder solange, bis die dafür vorgesehenen Leerzeilen vollgeschrieben sind, werden keine Korrekturen vorgenommen, es gibt keine Unterbrechung zum Überlegen und das bisher Geschriebene wird nicht gelesen. Das Journaling ist wie ein Fluss, in dem wir absichtslos dem nächsten Gedanken, Gefühl oder der nächsten Wahrnehmung schreibend folgen.

Wenn uns nichts mehr einfällt und wir nicht wissen, was wir schreiben sollen, dann schreiben wir einfach: „Ich weiß gerade nicht, was ich schreiben soll …" – solange, bis uns wieder etwas in den Sinn kommt. Eine Frage, ein Satz, ein Wort.

Frei von Perfektion

Beim Journaling geht es nicht um Perfektion und es geht auch nicht darum, einen strukturierten, flüssigen Text zu verfassen, den man später herumzeigen kann. Journaling hat das Ziel, innere Klarheit zu schaffen, und im besten Fall erzeugt es innere Freude, die aus dieser Klarheit heraus entsteht.

Beim Journaling, so könnte man sagen, schreiben der Verstand, das Herz und der Bauch gleichzeitig. Sich bei dieser Gemeinschaftsarbeit über Wortwahl, Schriftbild oder Rechtschreibung Gedanken zu machen, hat zur Folge, dass der Verstand im Vergleich zum Herz und Bauch zu viel Aufmerksamkeit in diesem Prozess bekommt. Das Denken hindert daran, den leisen und zarten Impulsen nachzugehen, die wir eher en passant haben und die oft aus tieferen Schichten unseres Bewusstseins kommen.

Erlaubt ist alles, was bewegt

Beim Journaling gibt es kein Richtig oder Falsch. Es geht darum, alles zur Sprache zu bringen, was uns durch den Satzanfang als Impulsgeber gerade bewegt: körperlich, emotional oder mental. Was uns in den Sinn kommt, kommt aufs Papier. Gedanken, Gefühle, Fragen, Zweifel, Urteile und innere Kommentare werden erfasst – egal ob sie uns gefallen oder nicht. So kann es vorkommen, dass wir Dinge aufschreiben, die wir bei reiflichem Nachdenken korrigieren oder gänzlich verwerfen würden. Gedanken, die vielleicht nicht unseren Wünschen entsprechen oder die Regeln brechen. Gedanken, die nicht klug, tiefsinnig oder sinnvoll sind. Alles ist hier erlaubt.

Wenn wir uns als Ganzes kennenlernen wollen, müssen wir zulassen, dass alles was zu uns gehört, seinen Raum bekommt. Nur dann lernen wir uns kennen, können daraus Erkenntnisse ziehen und uns diese zunutze machen.

Sich neu entdecken

Beim Journaling geht es weder ums Analysieren, noch ums Argumentieren. Daher eignet sich diese Art zu schreiben hervorragend zu einer ganzheitlichen Selbstreflexion. Ganzheitlich bedeutet in diesem Zusammenhang, nicht nur unseren Gedanken und Gefühlen Gehör zu verschaffen, sondern auch den unbewussten Anteilen Ausdruck zu verleihen. Es bedeutet, uns in einer neuen Komplexität zu erfassen.

Während wir denken, fühlen und gleichzeitig schreiben, formieren sich neue

Erkenntnisse, Einsichten und Ideen fast unbemerkt. Unsere Psyche arbeitet auf eine ganz neue Art für uns.

Wir dürfen uns schreibend wundern, hinterfragen, bestätigen, oder was immer der nächste Impuls sein wird. Da diese Art zu schreiben nicht vom Denken dominiert wird, kommen unbewusste Gedankenmuster deutlicher an die Oberfläche.

Das Gedachte, Gefühlte und Geschriebene ist ein Produkt des Geistes, welches sich aus bewussten und unbewussten Erinnerungen zusammensetzt.

Wir glauben, dass wir meist mit einem wachen Verstand handeln und dass wir mit der rechten Portion Willen alles im Griff haben, um klare Entscheidungen zu treffen. Dabei wirken die unbewussten Anteile immerzu mit und haben Einfluss auf unser Leben und alle Entscheidungen, die wir täglich treffen – ob wir es wollen oder nicht.

Geben wir beim Journaling all dem, was uns in den Sinn kommt, eine Sprache, ist dies eine Chance, sich mit allen Eigenschaften, Fähigkeiten, Vorbehalten, Erwartungen, Vorlieben, Abneigungen, Wünschen, Ängsten und Hoffnungen kennenzulernen und bewusster zu erleben.

Offen, freundlich und neugierig

Eine wichtige Voraussetzung für das Journaling ist die innere Bereitschaft, sich selbst offen, freundlich und neugierig zu begegnen und sich mit allen Aspekten anzunehmen. Diese Form der Offenheit erfordert Mut zur Akzeptanz. Nicht immer gefällt uns, was wir denken und fühlen, und wir sind nur allzu oft unser schärfster Kritiker.

Begegnen wir uns so, wie wir einem Freund begegnen würden.

Ehrlich zu sich selbst sein

Üblicherweise, wenn wir uns schriftlich mitteilen, haben wir einen Adressaten vor Augen, an den unsere Botschaft gerichtet ist. Wir transportieren beim Schreiben eine Vorstellung (von uns und für andere) und haben eine Identität zu verteidigen. Wir achten, bewusst oder unbewusst, auf den Ton, die Form und Korrektheit dessen, was wir schreiben. Wir wollen ja verstanden werden.

Nicht so beim Journaling. Wenn wir in dieser Form schreiben, richten wir uns nach innen, um uns selbst besser zu verstehen. Wir erfahren, wie befreiend es sein kann, ganz sich selbst sein zu dürfen und dabei weder einen Ruf schützen oder eine Rolle verteidigen zu müssen, noch eine selbst erdachte Identität aufrechtzuerhalten. Schreiben wir nur für uns, können wir uneingeschränkt ehrlich sein und annehmen, was uns als Mensch ausmacht. Das Geschriebene ist einzig und alleine für uns bestimmt und muss mit niemandem geteilt werden.

Journaling ist eine Methode, schreibend zur eigenen Mitte zu finden und sich von dort aus ganz und gar zu erleben.

— Gabriele Andler

Journaling als Achtsamkeitspraxis

Journaling dient dazu, die eigene Selbstwahrnehmung und Selbsteinschätzung zu verbessern. Da eine feine und akkurate Selbstwahrnehmung sehr stark mit Achtsamkeit verbunden ist, kann man das Journaling als eine schreibende Form der Achtsamkeitspraxis betrachten. Es geht darum, wahrzunehmen, was wir in jedem einzelnen Moment spüren, denken und ausdrücken.

Die feine Wahrnehmung des Körpers, der Gedanken und Emotionen, erfordert ein hohes Maß an Aufmerksamkeit, die beim Journaling automatisch trainiert wird. Auf diese Weise schulen wir unser Bewusstsein und machen eine Disziplin daraus – eine mentale Praxis, deren Früchte uns im hektischen Alltag nähren und stärken kann.

Achtsames Einstimmen

Um sich beim Schreiben ganzheitlich einbringen zu können, ist es förderlich, sich zuerst nach innen auszurichten und alles loszulassen, was zuvor getan wurde und was noch im Kopf herumgeht. Ebenso ist es hilfreich, die Außenwelt in den Hintergrund treten zu lassen, um sich nach innen zu verbinden.

Achtsamkeitsübungen helfen uns dabei, die Aufmerksamkeit zu lenken, indem wir uns auf unseren Atem, den Körper, Empfindungen oder Gedanken ausrichten. Durch den Fokus auf den Körper kommen wir gedanklich zur Ruhe, und es entsteht ein Raum, in den wieder etwas einfallen kann. Entweder etwas, das mit dem Satzanfang zu tun hat, über den wir schreiben, oder etwas, das unbedingt ausgedrückt werden will.

Als Einstimmung ist jedem Journaling-Satzanfang eine kleine Übung vorangestellt.

Diese Achtsamkeitsübungen können neben der Vorbereitung zum Journaling auch gut alleine im Alltag eingesetzt werden. Sie helfen dabei, sich im richtigen Moment zu entspannen, zu zentrieren oder zu fokussieren – je nachdem, was gerade gebraucht wird.

Da Achtsamkeitsübungen typabhängig sind, funktionieren manche besser als andere. Experimentieren Sie, bleiben Sie offen und üben Sie jedes Mal so, als sei es das erste Mal. Markieren Sie sich Übungen, die Sie besonders mögen. Sie können sie zur Einstimmung auf einen wichtigen Termin nutzen, vor einer Telefonkonferenz, zur Sammlung nach einem Streit, zum Innehalten, bevor ein Streit entsteht, oder einfach nur als Zeitinsel im Alltag. Die Anwendungsmöglichkeiten von Achtsamkeitsübungen sind schier unbegrenzt.

Wenn Sie eine Übung regelmäßig wiederholen, wird sich der Körper den Weg zur inneren Ruhe merken. Und um sich diesen Weg zu bahnen, wird jede Achtsamkeitsübung im Laufe der 120 Journaling-Tage mehrmals vorgeschlagen. Nach einer Weile werden Sie feststellen, wie schnell und tief die Übung funktionieren kann – natürlich immer in Abhängigkeit vom Grad der Unruhe und Ablenkung.

Einsatzmöglichkeiten

Es gibt viele Gründe und Einsatzmöglichkeiten für das Journaling. Hier ein paar der wichtigsten:

- Gedanken „abladen", sich etwas-von-der-Seele-schreiben
- Klärung diffuser Gefühle
- Denkprozesse verlangsamen, um Klarheit zu gewinnen
- Sich seiner Fähigkeiten bewusst zu werden
- Sich Klarheit über Wünsche und Bedürfnisse zu verschaffen
- Erforschen, was motiviert, antreibt und bremst

In diesem Buch arbeiten Sie mit Satzanfängen, die unter anderem dazu einladen, sich der eigenen Sichtweisen, Haltungen und Überzeugungen bewusst zu werden. Es handelt sich um Denkweisen, die Sie sich zu eigen gemacht haben und die durch Ihre Erfahrungen, andere Menschen und die Gesellschaft geprägt wurden.

Ein gutes Beispiel dafür sind unsere Werte. Es kann interessant sein, über die Werte zu schreiben, dies in regelmäßigen Abständen immer wieder zu tun und zu vergleichen. Dabei werden wir feststellen, dass sich unsere Werte im Laufe der Zeit verändern, dass manche wichtiger werden und andere an Bedeutung verlieren, dass neue dazukommen und manche ganz in Frage gestellt werden.

Es kann auch erhellend sein, über einen bestimmten Wert zu forschen. Wenn uns zum Beispiel Freiheit besonders wichtig ist, dann wäre ein guter Satzanfang: „Freiheit bedeutet …" oder „Freiheit ist mir wichtig, weil …".

Beim Schreiben verlangsamen wir unsere Gedanken und erfassen sie dadurch deutlicher – ganz gleich, ob wir über diffuse Gefühle oder emotionale Herausforderungen schreiben.

Warum Bewusstheit wichtig ist

Unsere Entscheidungen und unser Verhalten werden maßgeblich durch unser Denken, unsere Gefühle und all unsere unbewussten Anteile beeinflusst. Ergebnisse aus neurowissenschaftlichen Forschungen legen nahe, dass unser Gehirn bei einem bevorstehenden Ereignis Prognosen darüber anstellt, wie das Ganze höchstwahrscheinlich ablaufen wird und was für Konsequenzen daraus resultieren können. Dabei greift es auf all das zurück, was an Erinnerungen und Erfahrungen – bewusst und unbewusst – in unserem System gespeichert ist.

Und das ist noch nicht alles.

Diese Prognose macht etwas mit uns. Wir richten uns innerlich und unbewusst nach ihr aus und setzen alles in Gang, was am besten zu dem passt, was wir antizipiert haben. Unser Verhalten, unsere Wahrnehmungen, Emotionen und die Interaktionen mit anderen sind davon geprägt.

Unsere Erfahrungen und Erinnerungen prägen uns so, dass sie steuern, wie wir unsere Umwelt und unsere Mitmenschen wahrnehmen, wie wir uns selbst sehen, verstehen und wie wir handeln.

Unsere Vorstellung von der Welt hat sich über die Zeit entwickelt und wurde geprägt von Glaubenssätzen und Mustern, die in der Vergangenheit entstanden sind und unter Umständen nie oder nur selten hinterfragt wurden. Das ist der Part, der uns hellhörig machen sollte.

Unsere Wahrnehmung und Geisteshaltung sind persönlich gefärbt, und meist entsprechen diese Färbungen nicht der Wirklichkeit, sondern unseren Vorstellungen. Vorstellungen, die unsere Prognose beeinflussen und somit unbewusst unser ganzes Verhalten.

Wenn wir beim Journaling zu bestimmten Satzanfängen schreiben, haben wir die Möglichkeit, die uns einschränkenden Glaubensmuster und Konditionierungen zu erkennen. Wir können sie hinterfragen und prüfen, ob sie noch immer nützlich sind und zu unserem Leben passen. Diese Bewusstheit wird uns helfen, klare Entscheidungen zu treffen, und wir können neue Strategien entwickeln, um die Muster und Konditionierungen entweder aufzulösen oder so zu verändern, dass sie zu der aktuellen Lebensphase passen.

Tipp: Wenn wir auf einen Glaubenssatz gestoßen sind oder ein Muster erkannt haben, wie zum Beispiel bei dem Satzanfang:

„Ich komme ins Grübeln, wenn..."

ist es hilfreich, weiter darüber zu schreiben und sich den gleichen Satzanfang eine Woche lang jeden Tag vorzunehmen.

Je nach Erkenntnis kann es ratsam sein, sich Unterstützung zu holen – von einem Freund, einem Coach oder, in schwierigen Fällen, einem Therapeuten.

Es gibt zahlreiche Studien zur Emotionsforschung, die zeigen, dass unterschiedliche Formen des Schreibens, Ruhe und Klarheit mit sich bringen. Auch im therapeutischen Bereich wird Schreiben zur Selbsterforschung eingesetzt. Positive Wirkungen konnten in mehreren Bereichen nachgewiesen werden, wie zum Beispiel eine Steigerung der inneren Widerstandskraft, ein besserer Umgang mit Emotionen, eine Verbesserung des Gemütszustandes und des allgemeinen körperlichen Wohlbefindens.

Wesentlich wichtiger als Studienergebnisse sind jedoch die eigene Erfahrung und das innere Erleben, wenn eine neue Erkenntnis zwischen die Zeilen rutscht oder sich beim Schreiben das innere Chaos von selbst sortiert.

Wichtig ist, dass wir uns beim Journaling in einem sicheren Raum bewegen, der von außen nicht bewertet wird. Auf dieser Entdeckungsreise haben wir alle Zeit der Welt und dürfen so unvollkommen vollkommen sein, wie wir sind.

Am Ball bleiben

Die Praxis des Journalings ist einfach und kurz.

Obwohl die Übung höchstens ein paar Minuten in Anspruch nehmen wird, ist es wahrscheinlich, dass ab und an, in ganz unterschiedlicher Größe, eine Hemmschwelle in Form des inneren Schweinehundes auftauchen wird. Dieser wird immer etwas Besseres zu tun wissen und je nach Größe und Laune Widerstände aufbauen. Dieser Schweinehund ist ein Teil unseres Wesens und ihn besser zu verstehen, kann interessante Aspekte aufbringen, warum wir manches nicht erledigt bekommen oder auf der Stelle treten. Sofern er Sie behindert, machen Sie ihn zum Thema beim Journaling – vielleicht auf den freien Seiten am Endes des Buches?

Um die tägliche Hemmschwelle des Schreibens möglichst einfach zu überwinden, ist es gut, sich ihrer bewusst zu sein und sich mit einer Absicht zu verbinden, warum Sie sich auf diese Übung einlassen wollen. Was ist die innere Motivation? Machen Sie sich schon im Vorfeld darüber Gedanken, was Sie davon abhalten könnte zu schreiben und wie Sie diesen Hürden begegnen wollen.

Gleich hier und jetzt!

Meine Motivation für dieses Journaing ist ...

Dinge, die mich abhalten könnten, regelmäßig die Journaling-Übung zu machen, sind ...

Ich kann diese Hürden überwinden, indem ich ...

Alles Fertige, Vollkommene
wird angestaunt,
alles Werdende unterschätzt.

— Nietzsche

Anleitung

Das Buch setzt sich aus einem Theorie- und drei Praxisteilen zusammen und je nach Befinden kann in jedem Teil gestöbert und geschrieben werden. Es gibt keine Reihenfolge – weder bei den Satzanfängen, noch bei den Aufmerksamkeitsübungen.

Der erste Praxisteil beinhaltet unterschiedliche Satzanfänge für 60 Tage, die dem besseren Kennenlernen der eigenen Person dienen und vielfältige Aspekte eines Menschen beleuchten – seine Motivation, Freude, Fähigkeiten und vieles mehr. Auf jeder Seite gibt es eine Zeile für das Datum, damit es leichter ist, die eigene Entwicklung im Rückblick zu betrachten. Dann folgt eine Achtsamkeitsübung zur Einstimmung, ein Satzanfang, den wir schreibend ergänzen, und ein Zitat.

Teil 2 ist genauso aufgebaut wie der vorherige, nur dass kein Satzanfang vorgegeben wird. Hier haben Sie die Wahl: Sie können nach dem Zufallsprinzip einen Satzanfang aus der Liste am Ende des Buches wählen oder Sie nehmen einen Satz, dessen Thema Sie tiefer erforschen möchten.

In Teil 3 können Sie auf den freien Seiten Kommentare, Erkenntnisse oder Ideen aufschreiben, die beim Journaling aufkamen und im Prozess angestoßen wurden. Es gibt ausreichend Platz, um sich etwas von der Seele zu schreiben oder tiefer zu erforschen.

Halten Sie Ihre Erkenntnisse fest! Sie können zu einem späteren Zeitpunkt interessant sein – zum Beispiel, wenn alte Muster wieder die Regie übernehmen. In diesem Fall kann dann auf Einsichten vergangener bewusster Tage zugegriffen werden.

Achtsam nach innen spüren

Damit wir ganz aus unserem Inneren heraus schreiben können, müssen wir erst einmal dahin gelangen. Dazu dient die Achtsamkeitsübung, zu der ich vor dem eigentlichen Journaling einladen möchte. Das Ziel dieser Praxis ist es, alles, was uns bis zu diesem Moment beschäftigt hat, zur Ruhe kommen zu lassen. Dabei aktivieren wir unsere Sinne und konzentrieren uns ganz auf die Wahrnehmung des Objektes, das in der jeweiligen Übung beschrieben ist. Das kann ein Geruch sein, ein Bild, ein Geräusch, ein Gefühl, eine Berührung. Es ist eine feine Art „zur BeSINNung" zu kommen.

Über den Satzanfang schreiben

Wenn wir nach ein paar Atemzügen ganz im Moment angekommen sind, lesen wir den Satzanfang und schreiben in die zur Verfügung stehenden Zeilen, was immer uns zu dem Stichwort einfällt oder sich dazwischendrängt – auch, wenn es nichts mit dem Thema zu tun hat.

Es kommt beim Schreiben nicht darauf an, wie nahe wir am ausgewählten Satzanfang bleiben. Wir starten damit und lassen uns von den aufkommenden Gedanken, Gefühlen und Impulsen treiben. Lassen Sie es zu, wenn Gedanken oder Gefühle in eine völlig andere Richtung steuern. Dann ist entweder gerade ein anderes Thema wichtiger oder etwas in uns will den Satzanfang nicht beenden. Vertrauen Sie darauf, dass sich Ihre Sicht- und Denkweisen schreibend ihren Weg bahnen, wenn die Zeit reif dafür ist.

Zusammenfassend die wichtigsten Punkte, die beim Schreiben zu beachten sind:

- Gedanken fließen ungefiltert
- Frei von Perfektion
- Erlaubt ist alles, was bewegt
- Sich selbst entdecken
- Offen, freundlich und neugierig
- Sich ehrlich begegnen

Fragen, Zweifel, Unmut, Erstgedanken, Zweitgedanken, Drittgedanken, Ablenkungen, Bewertungen, Bewertung der Bewertungen – alles wird aufgeschrieben.

Spielen Sie mit den Satzanfängen und markieren Sie diejenigen, bei denen Sie das Gefühl haben, dass noch mehr dahintersteckt oder noch nicht alles an die Oberfläche kam. Manchmal braucht es ein paar Wiederholungen, bis der Kern getroffen wird.

Zitat

Das Zitat dient als Anregung oder Impuls zur Reflektion und darf Sie nach dem Journaling begleiten. Lassen Sie es auf sich wirken und schauen, was innerlich passiert. Auch hier ist von Zustimmung bis Widerstand alles erlaubt.

Datum ____/____/____

Lenke deine Aufmerksamkeit auf die Bewegung, die der Atem im Bauch- und Brustraum hervorruft, ohne diesen zu verändern. Nach fünf Atemzügen schreibe.

Wenn ich fokussiert bleiben will, hilft es mir …

Das große Bild gibt sich nicht als Bild zu erkennen:
es ist.
Oder genauer:
du befindest dich darin.

— Antoine de Saint-Exupéry

Datum ____/____/____

Spüre deinen Atem und lenke die Ausatmung zu deinen Füßen. Nimm dabei die Beschaffenheit des Bodens wahr, auf dem du stehst, und spüre, wie sich deine Strümpfe und Schuhe anfühlen. Nach drei Atemzügen schreibe.

Ich bin dankbar dafür, dass …

Was vor uns liegt und was hinter uns liegt, ist nichts im Vergleich zu dem, was in uns liegt. Und wenn wir das, was in uns liegt, nach außen in die Welt tragen, geschehen Wunder.

— Henry David Thoreau

Datum ____/____/____

Gehe mit deiner Aufmerksamkeit zu deiner Nasenöffnung und achte auf die unterschiedlichen Empfindungen bei der Ein- und Ausatmung. Nach fünf Atemzügen schreibe.

Eine Absicht, die ich für mich selbst verfolgen möchte, lautet …

Ich kehre in mich selbst zurück, und finde eine Welt.

— Johann Wolfgang von Goethe

Datum ____/____/____

Spüre den Atem und lenke deine Ausatmung zu den Händen. Nimm dabei wahr, wie deine Hände sich anfühlen und womit sie in Berührung sind. Nach einigen Atemzügen schreibe.

Dinge, die ich loslassen möchte, sind …

Strahlend blauer Himmel, hell leuchtender Tag! Abscheulich, da umherzujagen.

— Mumonkan

Datum ____/____/____

Lenke deine Aufmerksamkeit auf die Bewegung, die der Atem im Körper hervorruft. Atme dabei tief ein und aus. Nach drei Atemzügen schreibe.

Wenn ich so richtig in Höchstform bin, ...

Für alles gibt es eine bestimmte Stunde. Und für jedes Vorhaben unter dem Himmel gibt es eine Zeit.

— Salomon

Datum ____/____/____

Spüre deinen Atem und lenke drei Atemzüge mit der Ausatmung zum rechten und drei zum linken Fuß. Nimm die Verbindung zum Boden wahr. Dann schreibe.

Ich ärgere mich immer wieder über …

Denn an sich ist nichts weder gut noch böse;
das Denken macht es erst dazu.

— William Shakespeare

Datum ____/____/____

Hebe mit der Einatmung die gestreckten Arme über die Vorderseite nach oben und bringe sie mit der Ausatmung wieder neben den Körper. Nach fünf Atemzügen beginne zu schreiben.

Meine Herausforderungen sind …

Wer ein „warum" hat, dem ist kein „wie" zu schwer.

— Friedrich Nietzsche

Datum ____/____/____

Stelle den Timer auf eine Minute und spüre deinen Atem. Lenke deine Ausatmung zu deinem Gesicht und nimm dabei jede Bewegung im Bereich der Augen wahr. Dann schreibe.

Mich begeistert …

Was keiner wagt, das sollt ihr wagen, was keiner sagt, das sagt heraus, was keiner denkt, das wagt zu denken, was keiner anfängt, das führt aus.

— Johann Wolfgang von Goethe

Datum ____/____/____

Setze dich aufrecht hin und achte auf Geräusche von außen. Nimm alles wahr, ohne es zu analysieren. Nach einigen Atemzügen schreibe.

Eine Sache, die ich heute für mich selbst tun möchte, ist …

Wenn wir nicht ganz wir selbst sind, wahrhaft im gegenwärtigen Augenblick, verpassen wir alles.

— ShinJin Mei

Datum ____/____/____

Setze dich bequem hin und nimm den Atem dort wahr, wo er am besten spürbar ist. Zähle mit jedem Ausatmen von fünf rückwärts bis null und schreibe dann.

Wenn es nicht nach meinem Kopf geht, …

Unabhängigkeit im Denken ist das erste Kennzeichen der Freiheit. Ohne sie bleibst du ein Sklave der Umstände.

— Vivekananda

Datum ____/____/____

Lenke deine Aufmerksamkeit auf den Atem. Atme dreimal tief ein und aus und zähle bei jedem Ein- und bei jedem Ausatmen bis vier. Dann schreibe.

Was mich liebenswert macht, ist …

Man sagt, die Liebe öffnet eine Tür von einem Herzen zum andern. Doch wo es keine Mauer gibt, wo soll dann eine Tür sein?

— Rumi

Datum ____/____/____

Lenke die Aufmerksamkeit beim Einatmen auf die Aufrichtung deiner Wirbelsäule und mit jedem Ausatmen lass die Schultern los. Nach fünf tiefen Atemzügen schreibe.

Ich genieße es, wenn …

Denn in der Freundschaft werden alle Gedanken, alle Wünsche, alle Erwartungen ohne Worte geboren und geteilt, mit Freude, die keinen Beifall braucht.

— Khalil Gibran

Datum ____/____/____

Konzentriere dich auf den Herzraum und stell dir vor, du atmest dorthin ein und verteilst mit der Ausatmung die Energie im ganzen Körper. Nach drei tiefen Atemzügen schreibe.

Ich fühle mich erfüllt, wenn …

Aber jene, die mich mit überfließendem Herzen lieben, erzielen das Versunkensein in mich, und da sie dann in mir wohnen, wird ihnen offenbar, dass ich zugleich in ihnen wohne.

— Bhagavadgita

Datum ____/____/____

Breite die Arme waagerecht aus und stell dir vor, wie du mit dem Mittelfinger große Kreise rückwärts in die Luft malst. Spüre die Schwere der Arme. Nach fünf Atemzügen, senke die Arme und beginne zu schreiben.

Wenn ich mich mit den Augen anderer sehe, ...

All meine Fehler möchten sich bitte auf ihre Plätze begeben und möglichst wenig Lärm dabei machen.

— Inuit

Datum ____/____/____

Lenke die Aufmerksamkeit auf den Atem. Nimm drei tiefe Atemzüge und sage innerlich bei jedem Einatmen „Klar-“ und bei jedem Ausatmen „-heit“. Dann schreibe.

Was mich verletzt, ist …

An Zorn festhalten ist wie Gift trinken und erwarten, dass der Andere dadurch stirbt.

— Siddhartha Gautama

Datum ____/____/____

Setze dich aufrecht hin und lenke die Aufmerksamkeit auf deine Kopfhaut. Lasse mit jeder Ausatmung ein Stück mehr Anspannung los und beginne nach drei Atemzügen zu schreiben.

Ich würde gerne jemandem sagen, dass …

Erlöse mich von der großen Leidenschaft, die Angelegenheiten anderer ordnen zu wollen.

— Theresa von Avila

Datum ____/____/____

Stelle den Timer auf eine Minute und achte auf deine Gedanken. Kommt ein Gedanke, sage innerlich „der nächste bitte“ und dann warte auf den nächsten. Nimm auch die Pausen zwischen den Gedanken wahr. Dann schreibe.

Etwas, das ich gerne besser verstehen würde, ist …

Bisweilen durchschaut die Unbefangenheit ohne ihr Wissen.

— Victor Hugo

Datum ____/____/____

Lenke die Aufmerksamkeit auf deine Wirbelsäule und stelle dir vor, du atmest vom Steißbein bis zum Schädeldach ein und über das Schädeldach aus. Nach drei tiefen Atemzügen schreibe.

Wenn ich richtig gut drauf bin, dann …

Humor ist das Salz des Lebens, und wer gut gesalzen ist, bleibt lange frisch.

— Orientalische Weisheit

Datum ____/____/____

Konzentriere dich auf deine Nasenöffnung und stelle dir vor, du atmest über das linke Nasenloch ein und über das rechte Nasenloch aus. Nach drei Atemzügen schreibe.

Wenn ich genau weiß, was ich will, ...

Angst klopfte an die Tür,
Vertrauen öffnete.
Keiner war da.

— Chinesisches Sprichwort

Datum ____/____/____

Spüre den Atem und stell dir vor, wie du mit jeder Ausatmung die Stirn glättest. Nach fünf tiefen Atemzügen schreibe.

Wenn ich an die Zukunft denke, …

Die Zukunft hat viele Namen. Für die Schwachen ist sie das Unerreichbare. Für die Furchtsamen ist sie das Unbekannte. Für die Tapferen ist sie die Chance.

— Victor Hugo

Datum ____/____/____

Nimm den Atem wahr und entspanne mit jeder Ausatmung den Kiefer, die Lippen, die Zunge und schließlich den ganzen Mundraum. Nach fünf Atemzügen schreibe.

Mich inspiriert am meisten, ...

Die Schönheit ist das Symbol aller Symbole. Sie enthüllt alles, weil sie nichts sagen will.

— Oscar Wilde

Datum ____/____/____

Lenke die Aufmerksamkeit auf den Atem. Atme tief ein und mit einem langen, leisen Fffff-Laut vollständig aus. Nach fünf Atemzügen beginne zu schreiben.

Ich bin bereit für ...

Der Mensch kann nicht tausend Tage ununterbrochen eine gute Zeit haben, sowie die Blume nicht hundert Tage blühen kann.

— Tseng Kuang

Datum ____/____/____

Lege die linke Hand auf den Brustraum und die rechte Hand auf den Bauch. Spüre einatmend zum Herzen und ausatmend zum Bauch. Nach fünf Atemzügen schreibe.

Ich fühle mich wohl in meinem Leben, wenn ...

Die Welt tritt zur Seite, um jemanden vorbeizulassen, der weiß, wohin er geht.

— David Starr Jordan

Datum ____/____/____

Atme durch die Nase ein und lass den Atem über die Schultern, die Arme und die Hände ausströmen. Spüre, wie die Schultern locker werden, und schreibe nach fünf Atemzügen.

Wichtige Personen in meinem Leben sind ...

Glaube nicht, du kannst den Lauf der Liebe lenken, denn die Liebe, wenn sie dich für würdig hält, lenkt deinen Lauf.

— Khalil Gibran

Datum ____/____/____

Breite die Arme waagerecht aus. Spüre die Weite im Oberkörper und nimm die Bewegung des Atems wahr. Nach zehn Atemzügen, senke die Arme und beginne zu schreiben.

Eine gute Entscheidung bedeutet für mich …

Kein Mensch kann für längere Zeit sich selbst ein Gesicht und der Menge ein anderes zeigen, ohne schließlich in Verwirrung darüber zu geraten, welches das wahre ist.

— Nathaniel Hawthorne

Datum ____/____/____

Lenke deine Aufmerksamkeit auf die Bewegung, die der Atem im Bauch- und Brustraum hervorruft. Atme bis zum Schlüsselbein ein und bis ins Becken aus. Nach fünf Atemzügen schreibe.

Ich schreibe dieses Journal, weil …

Es gilt, eine Wahrheit zu finden, die Wahrheit für mich ist, die Idee zu entdecken, für die ich leben und sterben will.

— Søren Kierkegaard

Datum ____/____/____

Breite die Arme waagerecht aus und stell dir vor, wie du mit dem Mittelfinger kleine Kreise in die Luft malst. Fünf Atemzüge in die eine Richtung und fünf Atemzüge in die andere Richtung. Dann schreibe.

Was mir wirklich wichtig ist, …

Liebe ist die Sehnsucht nach der Ganzheit, und das Streben nach der Ganzheit wird Liebe genannt.

— Platon

Datum ____/____/____

Nimm eine bequeme Sitzposition ein und lass den Atem fließen, ohne den Fokus auf etwas zu richten. Was immer da ist, wird wahrgenommen. Nach fünf Atemzügen schreibe.

Sicherheit bedeutet für mich, ...

Wenn du es nicht von dir selbst bekommst, woher dann wohl?

— Zen-Weisheit

Datum ____/____/____

Breite die Arme waagerecht aus und stell dir vor, wie du mit dem Mittelfinger große Kreise rückwärts in die Luft malst. Spüre die Schwere der Arme. Nach fünf Atemzügen, senke die Arme und beginne zu schreiben.

Freiheit bedeutet für mich …

Alles beginnt im Kopf.
Mit Achtsamkeit leeren wir den Raum und sehen weiter.

— Gabriele Andler

Datum ____/____/____

Setze dich bequem hin und nimm drei tiefe Atemzüge. Bewege deine Mundwinkel zu einem leichten Lächeln nach oben. Ohne Grund! Halte das Lächeln für 10 Atemzüge und beginne dann zu schreiben.

Was ich mir mehr in meinem Leben wünsche, ist …

Nichts meint das Gedicht weniger, als in dem Lesenden den möglichen Dichter anzuregen.

— Rainer Maria Rilke

Datum ____/____/____

Lenke deine Aufmerksamkeit auf die Bewegung, die der Atem im Bauch- und Brustraum hervorruft, ohne diesen zu verändern. Nach fünf Atemzüge schreibe.

Es macht mir Freude, ...

Unsere tiefsten Ängste sind Drachen, die unsere tiefsten Schätze bewahren.

— Rainer Maria Rilke

Datum ____/____/____

Spüre deinen Atem und lenke die Ausatmung zu deinen Füßen. Nimm dabei die Beschaffenheit des Bodens wahr, auf dem du stehst, und spüre, wie sich deine Strümpfe und Schuhe anfühlen. Nach drei Atemzügen schreibe.

Wenn mich Emotionen überwältigen, ...

Düfte sind wie die Seele der Blumen, man kann sie fühlen, selbst im Reich der Schatten.

— Joseph Joubert

Datum ____/____/____

Gehe mit deiner Aufmerksamkeit zu deiner Nasenöffnung und achte auf die unterschiedlichen Empfindungen bei der Ein- und Ausatmung. Nach fünf Atemzügen schreibe.

Ich fühle mich ausgeglichen, wenn …

Stille und Ruhe bringen die ganze Welt ins rechte Maß zurück.

— Laotse

Datum ____/____/____

Spüre den Atem und lenke deine Ausatmung zu den Händen. Nimm dabei wahr, wie deine Hände sich anfühlen und womit sie in Berührung sind. Nach einigen Atemzügen beginne zu schreiben.

Was ich am meisten an mir schätze, ...

Das Unterliegen im Kampf mit sich selbst ist nichts anderes als Unwissenheit, wie die Herrschaft über sich selbst nichts anderes ist als Weisheit.

— Platon

Datum ____/____/____

Lenke deine Aufmerksamkeit auf die Bewegung, die der Atem im Körper hervorruft. Atme dabei tief ein und aus. Nach drei Atemzügen schreibe.

Was ich an meinem Leben liebe, ist …

Du selbst zu sein, in einer Welt, die dich ständig anders haben will, ist die größte Errungenschaft.

— Ralph Waldo Emerson

Datum ____/____/____

Spüre deinen Atem und lenke drei Atemzüge mit der Ausatmung zum rechten und drei zum linken Fuß. Nimm die Verbindung zum Boden wahr. Dann schreibe.

Ich bin inspiriert, wenn …

Halt mich fern von der Weisheit, die nicht weint, von der Philosophie, die nicht lacht, und von der Größe, die sich nicht vor Kindern verneigt.

— Khalil Gibran

Datum ____/____/____

Hebe mit der Einatmung die gestreckten Arme über die Vorderseite nach oben und bringe sie mit der Ausatmung wieder neben den Körper. Nach fünf Atemzügen beginne zu schreiben.

Was mich besonders motiviert, ist …

Narren hasten, Kluge warten, Weise gehen in den Garten.

— aus China

Datum ____/____/____

Stelle den Timer auf eine Minute und spüre deinen Atem. Lenke deine Ausatmung zu deinem Gesicht und nimm dabei jede Bewegung im Bereich der Augen wahr. Dann schreibe.

Wenn mir die Arbeit locker von der Hand geht, ...

Es ist die wichtigste Kunst des Lehrers, die Freude am Schaffen und am Erkennen zu wecken.

— Albert Einstein

Datum ____/____/____

Setze dich aufrecht hin und achte auf Geräusche von außen. Nimm alles wahr, ohne es zu analysieren. Nach einigen Atemzügen schreibe.

Die Arbeit macht mir Freude, wenn …

Es gibt einen Platz, den du füllen musst, den niemand sonst füllen kann und es gibt etwas für dich zu tun, das niemand sonst tun kann.

— Platon

Datum ____/____/____

Setze dich bequem hin und nimm den Atem dort wahr, wo er am besten spürbar ist. Zähle mit jedem Ausatmen von fünf rückwärts bis null und schreibe dann.

Ich ruhe ganz in meiner Mitte, wenn ...

Gebt euch Raum und lasst die Winde des Himmels zwischen euch tanzen.

— Khalil Gibran

Datum ____/____/____

Lenke deine Aufmerksamkeit auf den Atem. Atme dreimal tief ein und aus und zähle bei jedem Ein- und bei jedem Ausatmen bis vier. Dann schreibe.

Ein perfekter Tag ist, wenn …

Leicht zu leben ohne Leichtsinn, heiter zu sein ohne Ausgelassenheit, Mut zu haben ohne Übermut – das ist die Kunst des Lebens.

— Heinrich Theodor Fontane

Datum ____/____/____

Lenke die Aufmerksamkeit beim Einatmen auf die Aufrichtung deiner Wirbelsäule und mit jedem Ausatmen lass die Schultern los. Nach fünf tiefen Atemzügen schreibe.

Ein erfülltes Leben bedeutet für mich …

Die Schwierigkeiten, auf die wir stoßen, wenn wir ein Ziel zu erlangen trachten, sind der kürzeste Weg zu ihm.

— Khalil Gibran

Datum ____/____/____

Konzentriere dich auf den Herzraum und stell dir vor, du atmest dorthin ein und verteilst mit der Ausatmung die Energie im ganzen Körper. Nach drei tiefen Atemzügen schreibe.

Was mir immer wieder Kraft gibt, …

Hohe Gedanken entspringen der Tiefe des Herzens.

— aus Japan

Datum ____/____/____

Breite die Arme waagerecht aus und stell dir vor, wie du mit dem Mittelfinger große Kreise rückwärts in die Luft malst. Spüre die Schwere der Arme. Nach fünf Atemzügen, senke die Arme und beginne zu schreiben.

Wenn ich mich ganz auf eine Sache fokussiere, dann …

Was wir in der Welt sehen, ist ein Abbild dessen, was zu schauen und zu filtern wir uns angewöhnt haben.

— Gabriele Andler

Datum ____/____/____

Lenke die Aufmerksamkeit auf den Atem. Nimm drei tiefe Atemzüge und sage innerlich bei jedem Einatmen „Klar-“ und bei jedem Ausatmen „-heit“. Dann schreibe.

Wenn ich richtig für eine Sache brenne, dann …

Das Ziel des Lebens ist Selbstentwicklung. Das eigene Wesen völlig zur Entfaltung zu bringen, das ist unsere Bestimmung.

— Oscar Wilde

Datum ____/____/____

Setze dich aufrecht hin und lenke die Aufmerksamkeit auf deine Kopfhaut. Lasse mit jeder Ausatmung ein Stück mehr Anspannung los und beginne nach drei Atemzügen zu schreiben.

Im Moment beschäftigt mich ...

Wenn du ein Problem hast, versuche es zu lösen. Kannst du es nicht, mache kein Problem draus.

— Siddhartha Gautama

Datum ____/____/____

Stelle den Timer auf eine Minute und achte auf deine Gedanken. Kommt ein Gedanke, sage innerlich „der nächste bitte“ und dann warte auf den nächsten. Nimm auch die Pausen zwischen den Gedanken wahr. Dann schreibe.

Ich wollte schon immer mal …

Das Denken ist die Arbeit des Geistes, die Träumerei seine Lust.

— Victor Hugo

Datum ____/____/____

Lenke die Aufmerksamkeit auf deine Wirbelsäule und stelle dir vor, du atmest vom Steißbein bis zum Schädeldach ein und über das Schädeldach aus. Nach drei tiefen Atemzügen schreibe.

Ich kann am besten entspannen, wenn ...

Wenn du loslässt, hast du zwei Hände frei.

— aus Japan

Datum ____/____/____

Konzentriere dich auf deine Nasenöffnung und stelle dir vor, du atmest über das linke Nasenloch ein und über das rechte Nasenloch aus. Nach drei Atemzügen schreibe.

Heute möchte ich …

Still sitzen
Nichts tun
Der Frühling kommt
Das Gras wächst von allein.

— ShinJin Mei

Datum ____/____/____

Spüre den Atem und stell dir vor, wie du mit jeder Ausatmung die Stirn glättest. Nach fünf tiefen Atemzügen schreibe.

Meine Schwächen sind …

Wenn die Wurzeln tief sind, braucht man den Wind nicht zu fürchten.

— aus China

Datum ____/____/____

Nimm den Atem wahr und entspanne mit jeder Ausatmung den Kiefer, die Lippen, die Zunge und schließlich den ganzen Mundraum. Nach fünf Atemzügen schreibe.

Menschen, die mich faszinieren, sind …

Hier mein Geheimnis. Es ist ganz einfach: Man sieht nur mit dem Herzen gut. Das Wesentliche ist für die Augen unsichtbar.

— Antoine de Saint-Exupéry

Datum ____/____/____

Lenke die Aufmerksamkeit auf den Atem. Atme tief ein und mit einem langen, leisen Fffff-Laut vollständig aus. Nach fünf Atemzügen beginne zu schreiben.

Wenn ich mir eine Eigenschaft wünschen könnte, …

Wer sich selber hasst, den haben wir zu fürchten, denn wir werden die Opfer seines Grolls und seiner Rache sein. Sehen wir also zu, wie wir ihn zur Liebe zu sich selbst verführen!

— Friedrich Nietzsche

Datum ____/____/____

Lege die linke Hand auf den Brustraum und die rechte Hand auf den Bauch. Spüre einatmend zum Herzen und ausatmend zum Bauch. Nach fünf Atemzügen schreibe.

Am Kreativsten bin ich, wenn …

„Leben ist nicht genug", sagte der Schmetterling. „Sonne, Freiheit und eine kleine Blume muss man haben."

— Hans Christian Andersen

Datum ____/____/____

Atme durch die Nase ein und lass den Atem über die Schultern, die Arme und die Hände ausströmen. Spüre, wie die Schultern locker werden, und schreibe nach fünf Atemzügen.

Persönliche Entwicklung bedeutet für mich …

Wohl ist alles in der Natur Wechsel, aber hinter dem Wechsel ruht ein Ewiges.

— Johann Wolfgang von Goethe

Datum ____/____/____

Breite die Arme waagerecht aus. Spüre die Weite im Oberkörper und nimm die Bewegung des Atems wahr. Nach zehn Atemzügen, senke die Arme und beginne zu schreiben.

Verantwortung übernehmen, bedeutet für mich …

Nostalgie ist die Fähigkeit, darüber zu trauern, dass es nicht mehr so ist, wie es früher nicht war.

— Unbekannt

Datum ____/____/____

Lenke deine Aufmerksamkeit auf die Bewegung, die der Atem im Bauch- und Brustraum hervorruft. Atme bis zum Schlüsselbein ein und bis ins Becken aus. Nach fünf Atemzügen schreibe.

Beiträge, die ich in der Welt leisten möchte, sind …

Tage, wenn sie scheinbar uns entgleiten, gleiten leise doch in uns hinein,
aber wir verwandeln alle Zeiten; denn wir sehnen uns zu sein.

— Rainer Maria Rilke

Datum ____/____/____

Breite die Arme waagerecht aus und stell dir vor, wie du mit dem Mittelfinger kleine Kreise in die Luft malst. Fünf Atemzüge in die eine Richtung und fünf Atemzüge in die andere Richtung. Dann schreibe.

Ich bin erfolgreich in meinem Beruf, wenn …

Wenn in einer dieser Welten alle Jahrmillionen einmal in einem Sekunden-Tausendstel eine Freude aufblitzt, ist es ungeheuer viel und lohnt, das Leben daraufhin zu wagen.

— Alfred Mombert

Datum ____/____/____

Nimm eine bequeme Sitzposition ein und lass den Atem fließen, ohne den Fokus auf etwas zu richten. Was immer da ist, wird wahrgenommen. Nach fünf Atemzügen schreibe.

Wenn ich selbstsicher bin, dann ...

Die wenigsten Menschen wissen, dass das wirklich Große immer unbegründet ist; ich meine: alles Starke ist einfach!

— Robert Musil

Datum ____/____/____

Breite die Arme waagerecht aus und stell dir vor, wie du mit dem Mittelfinger große Kreise rückwärts in die Luft malst. Spüre die Schwere der Arme. Nach fünf Atemzügen, senke die Arme und beginne zu schreiben.

Ich bin dankbar für …

Tu deinem Leib des Öfteren etwas Gutes, damit deine Seele Lust hat, darin zu wohnen.

— Theresa von Avila

Datum ____/____/____

Setze dich bequem hin und nimm drei tiefe Atemzüge. Bewege deine Mundwinkel zu einem leichten Lächeln nach oben. Ohne Grund! Halte das Lächeln für 10 Atemzüge und beginne dann zu schreiben.

Ich wünsche mir, ...

Der Wunsch ist ein Wille, der sich selbst nicht so ganz ernst nimmt.

— Robert Musil

Datum ____/____/____

Lenke deine Aufmerksamkeit auf die Bewegung, die der Atem im Bauch- und Brustraum hervorruft, ohne diesen zu verändern. Nach fünf Atemzügen schreibe.

Nichts ist mächtiger als eine Idee, deren Zeit gekommen ist.

— Victor Hugo

Datum ____/____/____

Spüre deinen Atem und lenke die Ausatmung zu deinen Füßen. Nimm dabei die Beschaffenheit des Bodens wahr, auf dem du stehst, und spüre, wie sich deine Strümpfe und Schuhe anfühlen. Nach drei Atemzügen schreibe.

Freude ist unsäglich mehr als Glück, Glück bricht über die Menschen herein, Glück ist Schicksal – Freude bringen sie in sich zum Blühen, Freude ist einfach eine gute Jahreszeit über dem Herzen; Freude ist das Äußerste, was die Menschen in ihrer Macht haben.

— Rainer Maria Rilke

Datum ____/____/____

Gehe mit deiner Aufmerksamkeit zu deiner Nasenöffnung und achte auf die unterschiedlichen Empfindungen bei der Ein- und Ausatmung. Nach fünf Atemzügen schreibe.

Wer Bäume pflanzt, wird den Himmel gewinnen.

— Konfuzius

Datum ____/____/____

Spüre den Atem und lenke deine Ausatmung zu den Händen. Nimm dabei wahr, wie deine Hände sich anfühlen und womit sie in Berührung sind. Nach einigen Atemzügen beginne zu schreiben.

Du bist zu schnell gelaufen für dein Glück. Nun, da du müde wirst und langsam gehst, holt es dich ein.

— Friedrich Nietzsche

Datum ____/____/____

Lenke deine Aufmerksamkeit auf die Bewegung, die der Atem im Körper hervorruft. Atme dabei tief ein und aus. Nach drei Atemzügen schreibe.

Klärt sich der Himmel auf, erscheint die Sonne. Fällt der Regen darnieder, wird die Erde nass. Mit ganzem Herzen hat er alles gesagt, aber ich fürchte, niemand kann es glauben.

— Mumonkan

Datum ____/____/____

Spüre deinen Atem und lenke drei Atemzüge mit der Ausatmung zum rechten und drei zum linken Fuß. Nimm die Verbindung zum Boden wahr. Dann schreibe.

Hinter jedem Winter steckt ein zitternder Frühling, und hinter jeder Nacht, verbirgt sich ein lächelnder Morgen.

— Khalil Gibran

Datum ____/____/____

Hebe mit der Einatmung die gestreckten Arme über die Vorderseite nach oben und bringe sie mit der Ausatmung wieder neben den Körper. Nach fünf Atemzügen beginne zu schreiben.

Wenn man sich zum Mut zwingt, kommt er schließlich doch von selbst wieder.

— Franziska Gräfin zu Reventlow

Datum ____/____/____

Stelle den Timer auf eine Minute und spüre deinen Atem. Lenke deine Ausatmung zu deinem Gesicht und nimm dabei jede Bewegung im Bereich der Augen wahr. Dann schreibe.

Demokratie beruht auf drei Prinzipien: auf der Freiheit des Gewissens, auf der Freiheit der Rede und auf der Klugheit, keine der beiden in Anspruch zu nehmen.

— Mark Twain

Datum ____/____/____

Setze dich aufrecht hin und achte auf Geräusche von außen. Nimm alles wahr, ohne es zu analysieren. Nach einigen Atemzügen schreibe.

Wann verstehst du einen Menschen? Du musst ihn mitmachen. Du musst sein wie er: aber nicht du in ihn hinein, sondern er in dich hinaus!

— Robert Musil

Datum ____/____/____

Setze dich bequem hin und nimm den Atem dort wahr, wo er am besten spürbar ist. Zähle mit jedem Ausatmen von fünf rückwärts bis null und schreibe dann.

Gesundheit ist weniger ein Zustand als eine innere Haltung, die mit der Freude am Leben gedeiht.

— Thomas von Aquin

Datum ____/____/____

Lenke deine Aufmerksamkeit auf den Atem. Atme dreimal tief ein und aus und zähle bei jedem Ein- und bei jedem Ausatmen bis vier. Dann schreibe.

Es gibt immer Erlebnisse, von denen man nie und nimmer reden kann, und doch jemand wünschte, der es schweigend verstünde, ohne daran zu rühren.

— Franziska Gräfin zu Reventlow

Datum ____/____/____

Lenke die Aufmerksamkeit beim Einatmen auf die Aufrichtung deiner Wirbelsäule und mit jedem Ausatmen lass die Schultern los. Nach fünf tiefen Atemzügen schreibe.

Die großen Augenblicke sind die, in denen wir getan haben, was wir uns nie zugetraut hätten.

— Marie von Ebner-Eschenbach

Datum ____/____/____

Konzentriere dich auf den Herzraum und stell dir vor, du atmest dorthin ein und verteilst mit der Ausatmung die Energie im ganzen Körper. Nach drei tiefen Atemzügen schreibe.

Die höchste Krone des Helden ist die Besonnenheit mitten in Stürmen der Gegenwart.

— Jean Paul

Datum ____/____/____

Breite die Arme waagerecht aus und stell dir vor, wie du mit dem Mittelfinger große Kreise rückwärts in die Luft malst. Spüre die Schwere der Arme. Nach fünf Atemzügen, senke die Arme und beginne zu schreiben.

Ob man einmal aus andern Menschen klug werden kann? Mir kommt's immer vor, als ob sie alle im Zickzack empfänden und dächten.

— Franziska Gräfin zu Reventlow

Datum ____/____/____

Lenke die Aufmerksamkeit auf den Atem. Nimm drei tiefe Atemzüge und sage innerlich bei jedem Einatmen „Klar-“ und bei jedem Ausatmen „-heit“. Dann schreibe.

Auch die Verzweiflung hat ihre Ekstase.

— Victor Hugo

Datum ____/____/____

Setze dich aufrecht hin und lenke die Aufmerksamkeit auf deine Kopfhaut. Lasse mit jeder Ausatmung ein Stück mehr Anspannung los und beginne nach drei Atemzügen zu schreiben.

Wenn die Seele bereit ist, sind es die Dinge auch.

— William Shakespeare

Datum ____/____/____

Stelle den Timer auf eine Minute und achte auf deine Gedanken. Kommt ein Gedanke, sage innerlich „der nächste bitte“ und dann warte auf den nächsten. Nimm auch die Pausen zwischen den Gedanken wahr. Dann schreibe.

Wo Phantasie und Urteilskraft sich berühren, entsteht Witz, wo sich Vernunft und Willkür paaren, Humor.

— Novalis

Datum ____/____/____

Lenke die Aufmerksamkeit auf deine Wirbelsäule und stelle dir vor, du atmest vom Steißbein bis zum Schädeldach ein und über das Schädeldach aus. Nach drei tiefen Atemzügen schreibe.

Der Gedanke an die Vergänglichkeit aller irdischen Dinge ist ein Quell unendlichen Leids und ein Quell unendlichen Trostes.

— Marie von Ebner-Eschenbach

Datum ____/____/____

Konzentriere dich auf deine Nasenöffnung und stelle dir vor, du atmest über das linke Nasenloch ein und über das rechte Nasenloch aus. Nach drei Atemzügen schreibe.

Mich hat der liebe Gott aus allen Widersprüchen geschaffen, die er hatte.

— Franziska Gräfin zu Reventlow

Datum ____/____/____

Spüre den Atem und stell dir vor, wie du mit jeder Ausatmung die Stirn glättest. Nach fünf tiefen Atemzügen schreibe.

Die großen Zufälle sind das Gesetz. Die Ordnung der Dinge kann nicht auf sie verzichten.

— Victor Hugo

Datum ____/____/____

Nimm den Atem wahr und entspanne mit jeder Ausatmung den Kiefer, die Lippen, die Zunge und schließlich den ganzen Mundraum. Nach fünf Atemzügen schreibe.

Die Verzweiflung geht die ganze Persönlichkeit an, der Zweifel nur den Gedanken.

— Søren Kierkegaard

Datum ____/____/____

Lenke die Aufmerksamkeit auf den Atem. Atme tief ein und mit einem langen, leisen Fffff-Laut vollständig aus. Nach fünf Atemzügen beginne zu schreiben.

Geduld bedeutet, dass man immer weitblickend das Ziel im Auge behält, Ungeduld bedeutet dass man kurzfristig nicht die Bestimmung begreift.

— Rumi

Datum ____/____/____

Lege die linke Hand auf den Brustraum und die rechte Hand auf den Bauch. Spüre einatmend zum Herzen und ausatmend zum Bauch. Nach fünf Atemzügen schreibe.

Keiner ist so blind wie der, der nicht sehen will.

— Aus Japan

Datum ____/____/____

Atme durch die Nase ein und lass den Atem über die Schultern, die Arme und die Hände ausströmen. Spüre, wie die Schultern locker werden, und schreibe nach fünf Atemzügen.

Zeige dich, wie du bist oder sei, wie du dich zeigst.

— Rumi

Datum ____/____/____

Breite die Arme waagerecht aus. Spüre die Weite im Oberkörper und nimm die Bewegung des Atems wahr. Nach zehn Atemzügen, senke die Arme und beginne zu schreiben.

Ereignisse, bei denen der Mensch den Zusammenhang zwischen Ursache und Wirkung nicht erkennt, nennt er Zufall.

— Unbekannt

Datum ____/____/____

Lenke deine Aufmerksamkeit auf die Bewegung, die der Atem im Bauch- und Brustraum hervorruft. Atme bis zum Schlüsselbein ein und bis ins Becken aus. Nach fünf Atemzügen schreibe.

Ich kenne keinen sicheren Weg zum Erfolg, nur einen zum sicheren Misserfolg: es jedem recht machen zu wollen.

— Platon

Datum ____/____/____

Breite die Arme waagerecht aus und stell dir vor, wie du mit dem Mittelfinger kleine Kreise in die Luft malst. Fünf Atemzüge in die eine Richtung und fünf Atemzüge in die andere Richtung. Dann schreibe.

Wenn die Leute vom Wetter reden, kann man sicher sein, dass sie etwas anderes meinen.

— Oscar Wilde

Datum ____/____/____

Nimm eine bequeme Sitzposition ein und lass den Atem fließen, ohne den Fokus auf etwas zu richten. Was immer da ist, wird wahrgenommen. Nach fünf Atemzügen schreibe.

Das wahre ethische Individuum ruht mit Sicherheit in sich selbst, weil es keine Pflichten hat, sondern nur eine Pflicht, und weil die Pflicht sich ihm nicht von außen aufdrängt als bloßes Gebot, sondern von innen als der Ausdruck seines innersten Wesens.

— Søren Kierkegaard

Datum ____/____/____

Breite die Arme waagerecht aus und stell dir vor, wie du mit dem Mittelfinger große Kreise rückwärts in die Luft malst. Spüre die Schwere der Arme. Nach fünf Atemzügen, senke die Arme und beginne zu schreiben.

Tu es oder tue es nicht, aber höre auf es zu versuchen.

— Zen-Weisheit

Datum ____/____/____

Setze dich bequem hin und nimm drei tiefe Atemzüge. Bewege deine Mundwinkel zu einem leichten Lächeln nach oben. Ohne Grund! Halte das Lächeln für 10 Atemzüge und beginne dann zu schreiben.

Lausche mein Herz auf das Flüstern der Welt,
womit sie um deine Liebe wirbt.

— Rabindranath Tagore

Datum ____/____/____

Lenke deine Aufmerksamkeit auf die Bewegung, die der Atem im Bauch- und Brustraum hervorruft, ohne diesen zu verändern. Nach fünf Atemzügen schreibe.

Die Kraft des Adlers im Flug bewährt sich nicht dadurch, dass er keinen Zug nach der Tiefe empfindet, sondern dadurch, dass er ihn überwindet, ja ihn selbst zum Mittel seiner Erhebung macht.

— Friedrich Schelling

Datum ____/____/____

Spüre deinen Atem und lenke die Ausatmung zu deinen Füßen. Nimm dabei die Beschaffenheit des Bodens wahr, auf dem du stehst, und spüre, wie sich deine Strümpfe und Schuhe anfühlen. Nach drei Atemzügen schreibe.

Deine Einstellung dazu, wer du bist und was du hast, ist eine sehr kleine Sache, die einen sehr großen Unterschied macht.

— Theodore Roosevelt

Datum ____/____/____

Gehe mit deiner Aufmerksamkeit zu deiner Nasenöffnung und achte auf die unterschiedlichen Empfindungen bei der Ein- und Ausatmung. Nach fünf Atemzügen schreibe.

Die großen Augenblicke sind die, in denen wir getan haben, was wir uns nie zugetraut hätten.

— Marie von Ebner-Eschenbach

Datum ____/____/____

Spüre den Atem und lenke deine Ausatmung zu den Händen. Nimm dabei wahr, wie deine Hände sich anfühlen und womit sie in Berührung sind. Nach einigen Atemzügen beginne zu schreiben.

Wenn mir ein Schmerz widerfahren ist, fasst mich immer ein doppeltes Verlangen nach Leben – nie eigentlich Resignation.

— Franziska Gräfin zu Reventlow

Datum ____/____/____

Lenke deine Aufmerksamkeit auf die Bewegung, die der Atem im Körper hervorruft. Atme dabei tief ein und aus. Nach drei Atemzügen schreibe.

Für alles gibt es eine Theorie, die sich selber als «gesunden Menschenverstand» bezeichnet.

— Victor Hugo

Datum ____/____/____

Spüre deinen Atem und lenke drei Atemzüge mit der Ausatmung zum rechten und drei zum linken Fuß. Nimm die Verbindung zum Boden wahr. Dann schreibe.

Nichts in der Welt wirkt so ansteckend wie Lachen und gute Laune.

— Charles Dickens

Datum ____/____/____

Hebe mit der Einatmung die gestreckten Arme über die Vorderseite nach oben und bringe sie mit der Ausatmung wieder neben den Körper. Nach fünf Atemzügen beginne zu schreiben.

Tanze, als würde niemand zusehen. Liebe, als seist du noch nie verletzt worden. Singe, als ob niemand dich hören könnte. Lebe, als sei der Himmel auf Erden.

— Mark Twain

Datum ____/____/____

Stelle den Timer auf eine Minute und spüre deinen Atem. Lenke deine Ausatmung zu deinem Gesicht und nimm dabei jede Bewegung im Bereich der Augen wahr. Dann schreibe.

Freundlichkeit in Worten schafft Vertrauen.
Freundlichkeit im Denken schafft Tiefe.
Freundlichkeit im Geben schafft Liebe.

— Laotse

Datum ____/____/____

Setze dich aufrecht hin und achte auf Geräusche von außen. Nimm alles wahr, ohne es zu analysieren. Nach einigen Atemzügen schreibe.

Was wir am nötigsten brauchen,
ist jemand, der uns dazu bringt,
das zu tun, was wir können.

— Ralph Waldo Emerson

Datum ____/____/____

Setze dich bequem hin und nimm den Atem dort wahr, wo er am besten spürbar ist. Zähle mit jedem Ausatmen von fünf rückwärts bis null und schreibe dann.

Das Schöne am Frühling ist, dass er immer dann kommt, wenn man ihn braucht.

— Jean Paul

Datum ____/____/____

Lenke deine Aufmerksamkeit auf den Atem. Atme dreimal tief ein und aus und zähle bei jedem Ein- und bei jedem Ausatmen bis vier. Dann schreibe.

Es ist besser, unvollkommen anzupacken, als perfekt zu zögern.

— Thomas A. Edison

Datum ____/____/____

Lenke die Aufmerksamkeit beim Einatmen auf die Aufrichtung deiner Wirbelsäule und mit jedem Ausatmen lass die Schultern los. Nach fünf tiefen Atemzügen schreibe.

Die Sonne lehrt alle Lebewesen die Sehnsucht nach dem Licht.
Doch es ist die Nacht, die uns alle zu den Sternen erhebt.

— Khalil Gibran

Datum ____/____/____

Konzentriere dich auf den Herzraum und stell dir vor, du atmest dorthin ein und verteilst mit der Ausatmung die Energie im ganzen Körper. Nach drei tiefen Atemzügen schreibe.

Ein Lächeln ist die kürzeste Entfernung zwischen zwei Menschen.

— Chinesisches Sprichwort

Datum ____/____/____

Breite die Arme waagerecht aus und stell dir vor, wie du mit dem Mittelfinger große Kreise rückwärts in die Luft malst. Spüre die Schwere der Arme. Nach fünf Atemzügen, senke die Arme und beginne zu schreiben.

Zwei Dinge sind unendlich. Das Universum und die menschliche Dummheit. Aber bei dem Universum bin ich mir noch nicht ganz sicher.

— Albert Einstein

Datum ____/____/____

Lenke die Aufmerksamkeit auf den Atem. Nimm drei tiefe Atemzüge und sage innerlich bei jedem Einatmen „Klar-“ und bei jedem Ausatmen „-heit“. Dann schreibe.

Zu tausend Dingen bin ich ja nicht gekommen bei meinem sonderbaren Leben; und hätte doch zu tausend Dingen Talent gehabt.

— Franziska Gräfin zu Reventlow

Datum ____/____/____

Setze dich aufrecht hin und lenke die Aufmerksamkeit auf deine Kopfhaut. Lasse mit jeder Ausatmung ein Stück mehr Anspannung los und beginne nach drei Atemzügen zu schreiben.

Ich bin ein Teil von jener Kraft, die stets das Böse will und stets das Gute schafft.

— Johann Wolfgang von Goethe

Datum ____/____/____

Stelle den Timer auf eine Minute und achte auf deine Gedanken. Kommt ein Gedanke, sage innerlich „der nächste bitte“ und dann warte auf den nächsten. Nimm auch die Pausen zwischen den Gedanken wahr. Dann schreibe.

Nichts, was der menschliche Fortschritt hervorbringt, erhält die Zustimmung aller.

— Christopher Kolumbus

Datum ____/____/____

Lenke die Aufmerksamkeit auf deine Wirbelsäule und stelle dir vor, du atmest vom Steißbein bis zum Schädeldach ein und über das Schädeldach aus. Nach drei tiefen Atemzügen schreibe.

Zuschauer des eigenen Lebens zu sein, das ist der Weg,
um den Schmerzen des Lebens zu entrinnen.

— Oscar Wilde

Datum ____/____/____

Konzentriere dich auf deine Nasenöffnung und stelle dir vor, du atmest über das linke Nasenloch ein und über das rechte Nasenloch aus. Nach drei Atemzügen schreibe.

Es sind nicht die Dinge selbst, die uns beunruhigen, sondern die Vorstellungen und Meinungen von den Dingen.

— Epiktet

Datum ____/____/____

Spüre den Atem und stell dir vor, wie du mit jeder Ausatmung die Stirn glättest. Nach fünf tiefen Atemzügen schreibe.

Suche von den Dingen, die du hast, die besten aus und bedenke dann, wie eifrig du nach ihnen gesucht haben würdest, wenn du sie nicht hättest.

— Mark Aurel

Datum ____/____/____

Nimm den Atem wahr und entspanne mit jeder Ausatmung den Kiefer, die Lippen, die Zunge und schließlich den ganzen Mundraum. Nach fünf Atemzügen schreibe.

Wer in seinem eigenen Dasein sich größer, freier und menschlicher macht, der tut das Seinige zum Frieden.

— Rainer Maria Rilke

Datum ____/____/____

Lenke die Aufmerksamkeit auf den Atem. Atme tief ein und mit einem langen, leisen Fffff-Laut vollständig aus. Nach fünf Atemzügen, beginne zu schreiben.

Wut im Bauch verdaut.
Wörter außer Kontrolle.
Der Himmel schaut zu.

— Gabriele Andler

Datum ____/____/____

Lege die linke Hand auf den Brustraum und die rechte Hand auf den Bauch. Spüre einatmend zum Herzen und ausatmend zum Bauch. Nach fünf Atemzügen schreibe.

Die Bejahung des Lebens ist immer ein Siegesgefühl.

— Franziska Gräfin zu Reventlow

Datum ____/____/____

Atme durch die Nase ein und lass den Atem über die Schultern, die Arme und die Hände ausströmen. Spüre, wie die Schultern locker werden, und schreibe nach fünf Atemzügen.

Ich hatte viele Freunde, die mir zum Fallen halfen, beim Aufstehen jedoch war ich ganz allein, sodass ich staune, dass ich nicht für immer liegenblieb.

— Theresa von Avila

Datum ____/____/____

Breite die Arme waagerecht aus. Spüre die Weite im Oberkörper und nimm die Bewegung des Atems wahr. Nach zehn Atemzügen, senke die Arme und beginne zu schreiben.

Gelassenheit ist die angenehmste Form des Selbstbewusstseins.

— Marie von Ebner-Eschenbach

Datum ____/____/____

Lenke deine Aufmerksamkeit auf die Bewegung, die der Atem im Bauch- und Brustraum hervorruft. Atme bis zum Schlüsselbein ein und bis ins Becken aus. Nach fünf Atemzügen schreibe.

Zwischen richtig und falsch gibt es einen Ort.
Dort werden wir uns begegnen.

— Rumi

Datum ____/____/____

Breite die Arme waagerecht aus und stell dir vor, wie du mit dem Mittelfinger kleine Kreise in die Luft malst. Fünf Atemzüge in die eine Richtung und fünf Atemzüge in die andere Richtung. Dann schreibe.

Das Bewegliche überwindet das Harte. Das Gelassene überwindet das Aufgeregte.

— Tao Te King

Datum ____/____/____

Nimm eine bequeme Sitzposition ein und lass den Atem fließen, ohne den Fokus auf etwas zu richten. Was immer da ist, wird wahrgenommen. Nach fünf Atemzügen schreibe.

Der wahre Wert eines menschlichen Wesens wird vor allem von dem Ausmaß bestimmt, in dem es Freiheit von sich selbst erlangt hat.

— Albert Einstein

Datum ____/____/____

Breite die Arme waagerecht aus und stell dir vor, wie du mit dem Mittelfinger große Kreise rückwärts in die Luft malst. Spüre die Schwere der Arme. Nach fünf Atemzügen, senke die Arme und beginne zu schreiben.

Jedem Gedanken wohnt eine entsprechende Wirkung inne.

— Rumi

Datum ____/____/____

Setze dich bequem hin und nimm drei tiefe Atemzüge. Bewege deine Mundwinkel zu einem leichten Lächeln nach oben. Ohne Grund! Halte das Lächeln für 10 Atemzüge und beginne dann zu schreiben.

Gebt eure Herzen, aber nicht in des anderen Obhut. Denn nur die Hand des Lebens kann eure Herzen umfassen.

— Khalil Gibran

Datum ____/____/____

Datum ____/____/____

Datum ____/____/____

Datum ____/____/____

Datum ____/____/____

Datum ____/____/____

Datum ____/____/____

Datum ____/____/____

Datum ____/____/____

Datum ____/____/____

Datum ____/____/____

Datum ____/____/____

Datum ____/____/____

Datum ____/____/____

Datum ____/____/____

Datum ____/____/____

Datum ____/____/____

Datum ____/____/____

Datum ____/____/____

Datum ____/____/____

Datum ____/____/____

Datum ____/____/____

Liste der Satzanfänge

Gabriele Andler arbeitet international als Coach und Trainerin. Neben der Leitung ihres Instituts für Achtsamkeit und Yoga schreibt sie Gedichte und nutzt die Kraft des Wortes zum bewussten und unbewussten Ausdruck. In ihrem Buch Wort Werk – Das Journaling-Buch lädt sie dazu ein, schreibend mit der eigenen Innenwelt in Verbindung zu treten und sich selbst in der Fülle und Komplexität der Gedanken und Gefühlen bewusster wahrzunehmen. Es geht darum, das freizulegen, was wir schon immer in uns tragen.

Klarheit, Gelassenheit und tiefe Lebensfreude

WORT WERK

Web: www.gabrieleandler.com
Blog: www.attentionrocks.de